KB121440

오삼으로부터

오삼으로부터

반달가슴곰 오삼이가 인간에게 하고 싶었던 말

처음 펴낸 날 2023년 10월 3일

지은이 윤주옥 · 결
편집 문현경
디자인 타입매터스
인쇄제작 팩토리비

펴낸곳 니은기역
펴낸이 문현경
출판등록 제487-2019-000003호
주소 전남 구례군 구례읍 백련마을
이메일 mhghg@naver.com
블로그 blog.naver.com/mhghg

ISBN 979-11-93365-00-7 73300

식물성 콩기름 잉크로 인쇄했어요.
환경뿐 아니라 제작자와 읽는 이들의 건강을 생각했습니다.

숲을 살리는 재생종이를 썼어요.

재활용이 쉽게 표지를 코팅하지 않았어요.
표지에 난 작은 흠은 너그럽게 받아 주세요.

이 도서는 한국출판문화산업진흥원의 '2023년 우수출판콘텐츠 제작 지원' 사업 선정작입니다.

본문 서체 일부에 마포구 브랜드 서체 Mapo금빛나루(마기찬 디자인)를 사용했습니다.

책 짓고, 농사짓고, 기후 악당에겐 짖어요!
틀을 깨는 기록, 순서를 뒤엎는 몸짓, ㄴ니은기역ㄱ

오삼으로부터

반달가슴곰 오삼이가 인간에게 하고 싶었던 말

윤주옥 × 결 지음

니은기역

별이 된 반달가슴곰 오삼이에게
이 책을 바칩니다.

일러두기

윤주옥의 글은 오삼이가 죽기 전에 쓰였습니다.
살아 있는 오삼이에게 말 걸듯 쓴 문장을 고치지 않고 그대로 두었습니다.
출처를 따로 밝히지 않은 사진은 윤주옥이 제공한 사진입니다.

들어가며

2017년 7월 25일, 내가 '반달가슴곰 KM-53'(오삼이)을 처음 만난 날입니다. 그날 나는 수도산에서 잡혀 와 지리산 자연적응훈련장에 갇힌 오삼이의 눈빛을 봤습니다. 온통 슬픔뿐이던 그 눈빛은 나와 오삼이를 연결하는 신호가 되었고, 나를 반달가슴곰의 찐한 친구가 되도록 하였습니다.

『오삼으로부터』는 그 눈빛에서 시작되었습니다. 2017년 수도산에서 발견된 오삼이는 수도산-가야산에만 머문 것이 아니라 어느 날은 금오산에, 또 다른 날에는 민주지산에 나타났으며, 산을 내려와 마을 가까이 밭과 과수원에 나타났다 사라지

기도 했습니다. 오삼이는 수도산-가야산을 중심으로 한반도 중부 이남의 모든 숲을 다 돌아다닌 셈이고, 숲에서 숲으로 이동할 때는 도로를 건너고, 마을 가까이 내려오기도 했습니다. 그렇게 다니다가도 겨울잠을 잘 때면 가야산으로 돌아왔습니다.

오삼이의 존재가 세상에 알려진 뒤 사람들은 오삼이의 크고 작은 동작 하나하나에 관심을 가졌습니다. 야생동물 연구자들은 오삼이가 특이하고 무척 용기 있는 곰이라며, 오삼이의 행동이 야생동물의 길과 삶에 중요한 정보를 준다고 하였습니다. 마음대로 다니는 오삼이의 활동에 신문과 방송 등은 기회 있을 때마다 오삼이 이야기를 다뤘습니다. 환경부와 국립공원공단 등 야생동물 정책을 결정하는 행정가들은 오삼이가 사람을 만나거나 사람 집 가까이 내려올까 봐 몹시 걱정하였습니다. 나와 같은 활동가나 동물권 운동가들은 오삼이가 자연에서 잘 살아 주기를 간절히 소망하였습니다.

이 책이 나오게 된 계기는 2021년 8월 『경남도민일보』에 쓴 글입니다. 몇 곳으로부터 글을 책으로 내자는 제안을 받았습니다. 글을 쓰는 것보다 자연을 지키는 활동에 더 익숙한 나는 '자신 없다'고 말하였습니다. 그러다가 지리산에서 활동하는 후배로부터 현장을 지키는 직접 활동도 중요하지만, 더 많은 사람, 특히 반달가슴곰에 대해 궁금해하는 어린이 친구들에게 오삼이 이야기를 해 주는 것도 현장을 지키는 일이라고 듣게 되었습니다. 그 말에 용기를 내 그동안 오삼이에 대해 썼던 글을 다시 보고, 반달가슴곰 자료들을 정리하게 되었습니다.

『오삼으로부터』를 2022년부터 준비해 글을 다듬어 왔습니다. 글이 담지 못한 오삼이의 마음이 결 작가의 그림으로 표현되며 막바지 수정 작업에 들어갔습니다. 부끄럽지만 어떤 책으로 나올지 기대되는 시간이었습니다. 그러던 2023년 6월 13일, 저녁밥을 먹던 나는 국립공원공단 야생생물보전원 직원으로부터 걸려 온 전화를 받고, 숟가락을 떨어뜨렸습니다. 길게 늘어지는 말과 충격 사이에서 제 귀에 들어온 건 오삼이가 '포획과 마취 과정에서', '계곡에서', '너무 안타깝고', 결국 '죽었다'는 이야기였습니다.

나는 오삼이의 활동 반경이 넓어질수록, 마을로 내려오는 일이 잦아질수록, 사람 눈에 자주 띌수록, 오삼이의 미래를 걱정했습니다. 오삼이가 올무에 걸리지 않을까, 다시 잡혀 지리산 자연적응훈련장에 갇히지는 않을까 늘 조마조마하였습니다.

그런데 포획 과정에서 생긴 '죽음'이라니, 정말 상상하지 못했던 일이었습니다. 반달가슴곰에게 일어나는 일들에 적극적으로 대응해 왔던 나이기에 이곳저곳에서 오삼이의 죽음에 대해 어떻게 생각하느냐는 연락을 받았습니다. 나는 '생각이 없다'고 답했습니다. 정말 그랬습니다. 아무 생각도 나지 않았고, 받아들이기도 힘들었습니다.

오삼이의 죽음 뒤 『오삼으로부터』는 멈췄습니다. 편집자의 따뜻한 손길로 마무리되던 『오삼으로부터』는 그렇게 세상과 이별해야 할 것 같았습니다. 그러다가 오삼이를 알고 나서 변화된 나를 돌아보게 되었습니다. 오삼이는 나를 동물들의 이동권에 대해 고민하게 했고, 지리산이 아닌 곳에서도 올무 수거 활동을 하게 했고, 지리산 자락 주민들과 함께 반달가슴곰을 꿈꾸도록 하였습니다. 어쩌면 오삼이는 세상에 없는 오삼이를 『오삼으로부터』가 대신해 주기를 원할 수도 있다고 생각하게 되었습니다.

오삼이의 고향인 지리산은 떨어져 있는 산 하나가 아닙니다. 덕유산을 거쳐 설악산, 금강산, 백두산으로 연결되어 우리나라 큰 산줄기인 백두대간을 잇습니다. 또 지리산은 오래전부터 야생동물들이 다녔던 길을 따라 수도산과 가야산으로 연결됩니다. 2015년 1월 지리산에서 태어나 2023년 6월 경북 상주에서 삶을 마무리한 오삼이는 이 산줄기를 오가며 우리에게 끊임없이 이야기해 왔습니다. 사람들에게 잊힌 야생동물의 길, 끊어진 생명의 길을 연결하라고 말입니다. 반달가슴곰을 인간이 관리하는 동물이 아니라 자연에 사는 야생동물로 여겨 달라고 말입니다.

오삼이는 세상에 없지만, 오삼이가 인간에게 하고 싶었던 말을 『오삼으로부터』가 대신 전할 수 있으면 좋겠습니다. 더 많은 이가 반달가슴곰의 길을 연결하고, 삶터를 지키는 일에 함께하기를 바랍니다. 『오삼으로부터』가 세상에 나올 수 있도록 도와준 후배 활동가 현경 님과 오삼이의 마음을 그림으로 표현해 준 결 님, 고맙습니다. 『오삼으로부터』가 세상에 나올 수 있도록 용기를 준 오삼이에게 고마움을 전합니다.

주옥으로부터

추천사

자유로운 오삼이를 위한 길 안내

“산양이 중요해? 사람이 중요해?” 케이블카로 설악산을 파괴하려는 인간이 그리 말합니다. 설악산에 등 떠밀려 오르며 온갖 만행을 서슴지 않는 인간은 케이블카 없다고 삶이 어려워지지 않습니다. 케이블카로 짝을 찾기 어려울 산양은 생존을 위협받을 겁니다.

“수달이 중요해? 사람이 중요해?” 자연을 회복해 가는 오산천에 수달이 모습을 드러내자 많은 시민이 개발을 미뤄 달라 요구하네요. 반가운 마음인데, 돈벌이에 눈이 먼 권력자가 사람이 더 중요하다네요. 자연을 잃은 수많은 비인간동물이 사람 곁을 떠났습니다. 오랜 이웃을 잃은 사람은 삭막한 회색 도시에서 점점 난폭해집니다.

자연은 서로 돕습니다. 어떤 생물이 우월하게 지배하는 생태계는 안정을 잃고 이내 허물어지고 맙니다. 자연의 오랜 이웃이 건강하면 코로나19 같은 감염병이 마구 퍼지지 않고 기후변화에 속수무책으로 위험해지지 않습니다.

이제 오삼이는 다시 볼 수 없지만, 곰을 복원하려 노력해 온 우리는 남은 영혼의 자유로움을 배려할 수 있습니다. 황새와 따오기를 복원하며 먼발치에서 반갑게 맞는 마음으로 제2 오삼이, 제3 오삼이를 애틋하게 바라보면 좋겠습니다. 비인간동물이 볼 때 아직 완벽하지 않지만, 그들의 터전을 되살리며 애틋해질 수 있습니다. 오삼이가 떠나 텅 빈 마음을 추스른 윤주옥 선생은 우리에게 그 길을 다정하게 안내합니다. 윤주옥 선생, 그리고 우리 마음에 남은 오삼이도 고마워하겠지요.

박병상 __60+기후행동 공동대표

추천사

우리와 함께 사는 반달가슴곰을 위하여

여러분은 일상에서 동물을 만날 때 예의를 지켜야 한다고 생각하시나요? 맞아요. 어떤 동물이든 서로 지켜야 할 예의가 있어요. 천천히 다가가고, 먼저 냄새를 맡게 해 주며, 함부로 만지지 않는 것이 개나 고양이를 만날 때 지켜야 할 예의입니다.

그렇다면 산에 사는 반달가슴곰에게는 어떻게 예의를 지킬 수 있을까요? 반달가슴곰은 야생동물이기 때문에 사람이 반달가슴곰과 마주치지 않으려는 노력이 가장 중요한 예의랍니다. 혹여나 우연히 마주친다 해도 조용히 뒷걸음질로 멀어지는 게 좋아요.

인간이 숲을 파괴하고 곰을 마구 잡은 탓에 한국의 산야에서 곰이 사라져 버린 뒤, 국립공원공단은 20여 년 전부터 외국에서 곰을 수입해서 지리산에 풀고 있어요. 산에 다시 곰을 살게 하려는 뜻으로 시작한 일이에요. 이 곰들이 어디에서 어떻게 살아가는지 파악하기 위해 국립공원공단은 자주 곰들을 잡아 건강검진을 합니다.

우리 인간은 곰을 산에다 풀어서 살도록 했지만, 곰에게만 하지 말아야 할 것을 너무 많이 정해 놓고 강요하지 않았나 싶어요. 이 땅에서 곰과 함께 살기 위해서는 곰의 처지에서도 생각해야 하는데요.

이 책은 반달곰친구들 윤주옥 선생님과 결 님의 글과 그림으로 오삼이를 기억하고 고민을 나누려는 시도입니다. 오삼이가 살아 있던 시간에 우리는 무엇을 더 해야 했을까요? 천천히 읽고 생각하며 앞으로 우리와 함께 살 곰들에게 필요한 게 무엇인지 고민하면 좋겠습니다.

최태규 _곰보금자리프로젝트 대표

· 오삼이 발자취 ·

2015년 1월	지리산에서 태어남
2015년 10월	지리산 숲 생활 시작
2017년 6월	김천 수도산에서 발견되어 지리산 자연적응훈련장으로 붙잡혀 옴
2017년 7월 초	야생 적응 훈련 뒤 지리산에 풀어졌고 수도산으로 감
2017년 7월 말	수도산에서 사람 눈에 띄어 다시 붙잡혀 옴
2017년 9월	지리산에 풀어짐
2017년 12월	지리산에서 겨울잠
2018년 5월	수도산으로 가기 위해 고속도로를 횡단하다 교통사고
2018년 8월	수술 회복과 야생 적응 훈련 뒤 수도산에 풀어짐
2018년 12월	가야산에서 겨울잠
2019년 6월	금오산에 다녀옴
2020년 5월	경남 거창, 경북 고령에 다녀옴
2021년 5월	덕유산을 거쳐 지리산으로 들어옴
2021년 7월	수도산으로 돌아감
2022년 5월	민주지산에 다녀옴
2022년 6월	경북 상주, 충북 보은에 다녀옴
2023년 5월	민주지산에 다녀옴
2023년 5월	충북 옥천, 보은, 경북 상주에 다녀옴
2023년 6월 13일	경북 상주에서 포획(마취) 과정에서 죽음

✦ 오삼이는 2018년 8월 이후 수도산–가야산을 중심으로 활동하다가 며칠 또는 몇 주 금오산과 민주지산 등에 다녀옵니다. 오삼이는 다른 곳에서 활동하다가도 가야산으로 와 겨울잠에 들곤 했습니다.

✦ 위 지도에는 오삼이가 주로 다닌 산과 지역을 표시했으나, 서울과 부산은 오삼이 발자취와 상관없이 위치를 가늠할 수 있게 표시해 두었습니다.

만나는 길

° 이 책은 두 이야기가 서로 만나는
흥미로운 구조로 돼 있어요!

01。 오삼이에게 ✦ 앞에서 시작

글 윤주옥 · 그림 결

02。 오삼으로부터 ✦ 뒤에서 시작

글 · 그림 결

01. 오삼이에게

글 윤주옥

그림 결

반달가슴곰 KM-53이라는 이름을 단 친구에게

오삼이와 반달곰친구들

오삼이는 왜 먼 곳으로 떠났을까

오삼이가 죽을 뻔했다고?

오삼, 네 모험을 응원할게

반달가슴곰 KM-53이라는 이름을 단 친구에게

'반달가슴곰 KM-53'. 사람들이 붙인 너의 이름을 들었을 때, 참 특이하고 외우기 힘든 이름이라고 생각했어. 어쩌다 그런 이름을 지었을까? K는 한국Korea에서 태어났다는 뜻이고, M은 수컷Male을, 53은 53번째로 발신기를 달고 관리코드를 붙였다는 의미라고 국립공원야생생물보전원은 설명하더라. 사람들은 너에게 발신기를 달아 준 뒤 너를 지리산에 풀어 줬지.

그런데 여기서 나는 '풀어 줬다'는 말에 대해 좀 더 생각해 보고 싶어. 왜 우리 인간들은 반달가슴곰을 풀어 주어야 했을까?

그 많던 곰은 어디로

우리가 사는 한반도에는 예부터 반달가슴곰이 무척 많았다고 해. 혹시 〈단군신화〉라고 들어 봤어? 고조선이라는 나라를 세운 단군에 관한 이야기 말이야. 곰이 삼칠일 동안 쑥과 마늘을 먹어서 사람이 된 다음 단군을 낳았다는 이야기가 나오잖아. 물론 〈단군신화〉에 나오는 곰이 정말 동물인지 아닌지는 정확히 알 수 없다지만, 오래된 역사서에도 나올 만큼 이 땅에 곰이 많았다는 건 분명해. 그런데 그 많던 곰들이 거의 사라져 버린 거야. 대체 무슨 일이 일어난 걸까?

일제강점기 때 사람을 해칠 수 있는 위험한 동물을 잡겠다며 호랑이, 표범, 곰 같은 대형 야생동물 7만여 마리가 죽임을 당했는데, 이때 1,200마리가 넘는 반달가슴곰이 죽었다고 해.

또 우리나라에서 전쟁을 겪는 동안 많은 숲이 불탔어. 전쟁 뒤엔 도로와 공장과 건물을 짓다 보니 곰과 같은 야생동물은 살 곳을 잃게 됐어. 거기다 웅담(곰의 쓸개)이 몸에 좋다는 소문까지 퍼지면서 곰들이 더 살기 어려워졌어. 밀렵꾼들이 깊은 산 속에 올무나 덫을 놓고, 총이나 화약으로 곰을 죽이기까지 했거든.

너무 끔찍한 이야기지. 결국 1980년대까지만 해도 30마리

일제강점기에 호랑이, 곰, 표범 등을 무자비하게 사냥하던 때 모습.
ⓒ국립공원공단

넘게 살던 반달가슴곰이 1990년대 중반에는 대여섯 마리밖에 남지 않게 되었어.

복원사업이 시작되다

많은 사람이 이제 우리나라에서 반달가슴곰은 사라졌을지 모른다고 절망했어. 그런데 그때, 반달가슴곰 흔적이 지리산에서 발견된 거야. 1996년 가을에 벌어진 일이야.

그때부터 환경부는 지리산을 중심으로 반달가슴곰 조사를 시작했지. 특별한 노력을 하지 않으면 반달가슴곰이 완전히 사라질 수 있다고 깨달은 거야. 반달가슴곰 한 종이 사라지는 건 지리산 전체 생태계가 무너지는 것과 같아. 그러니 가만히 보고만 있어서는 안 될 일이지.

우리나라는 2004년부터 반달가슴곰 복원사업을 시작했어. 그때만 해도 지리산에는 반달가슴곰이 다섯 마리 정도밖에 남아 있지 않았어. 그래서 한반도에 살던 반달가슴곰과 같은 유전자를 가진 반달가슴곰을 중국, 러시아, 몽골, 북한 등에서 데려와 자연에서 적응할 수 있도록 훈련한 다음 지리산에 풀어 주었지.

'풀어 준다'는 말에는 곰을 데려오고 훈련해 우리 숲에 다시 놓아주는 이 모든 과정이 들어 있는 거야. 반달가슴곰이 인간에 의해 멸종위기에 처하지 않았다면, 이렇게 일부러 외국에서 데려와서 또는 인공적으로 늘려서 풀어 주는 일은 할 필요도 없었겠지.

그러니 '곰을 풀어 준다'는 말을 들으면 인간에 의해 반달가슴곰이 멸종될 뻔했고, 전체 생태계가 위험해질 수 있었다는 안타까운 사실도 생각해 보아야 할 것 같아.

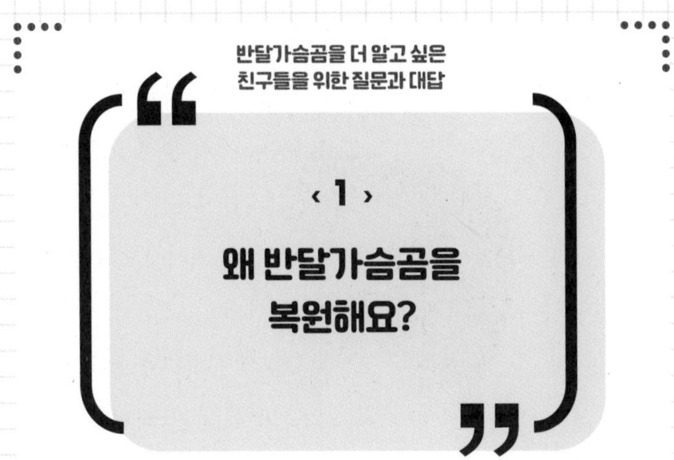

반달가슴곰은 다른 야생동물들보다 힘이 세서 멧돼지나 그 비슷한 크기의 야생동물이 지나치게 많아지는 걸 막을 수 있다고 해요. 어느 한 종이 너무 많아지지 않도록 개체 수를 조절하는 일은 자연 생태계에서 아주 중요해요.

반달가슴곰이 사는 숲에서는 다양한 야생동물뿐 아니라 이들의 먹이가 되는 식물들도 균형을 이루어 함께 살 수 있답니다.

또 반달가슴곰은 식물의 씨앗을 퍼뜨리는 역할을 합니다. 반달가슴곰은 열매를 먹고 숲 여기저기를 다니며 똥을 싸는데, 그 똥에 있던 씨앗들은 싹을 더 잘 틔우거든요.

실제로 국립공원야생생물보전원이 씨앗 발아율을 실험한 결과에 의하면, 반달가슴곰이 먹고 싼 똥에서 나온 씨앗과 나무에서 떨어진 씨앗의 발아율을 비교했을 때, 반달가슴곰 똥에서 나온 씨앗의 발아율이 약 두 배 이상 높게 나타났다고 해요. 반달가슴곰은 '숲의 농부'인 셈이죠.

반달가슴곰이 사라지면 전체 생태계가 위험에 처할 수 있어요. 이런 의미를 담아 반달가슴곰은 생태계의 핵심종이며 우산종이라고 해요. 우산을 펼치듯 어느 지역의 동식물이나 생물 다양성, 생태계를 보호하는 종이라는 뜻이죠.

‹ 2 ›

가슴에 있는 반달 무늬는 모두 같은 모양인가요?

반달가슴곰은 다른 야생동물처럼 두 종류의 털을 가지고 있어요. 안쪽에는 부드럽고 짧은 털이 빽빽하게 있어 체온을 유지해 주고, 바깥쪽에는 외부 환경으로부터 몸을 보호하는 두껍고 성긴 털이 있지요. 바깥쪽의 털은 몸이 쉽게 젖지 않도록 돕는 방수 역할을 한다고도 해요. 비가 와도 우산이 필요 없는 반달가슴곰이지요.

반달가슴곰의 가슴엔 반달 무늬 흰 털이 있는데, 반달가슴곰은 모두 반달 무늬를 가지고 있지만, 지구상의 모든 사람이 다 다른 지문을 가진 것처럼 반달가슴곰도 모두 다른 반달 무늬를 가지고 있다고 해요. 그래서 반달 무늬로 반달가슴곰을 구분하기도 한답니다.

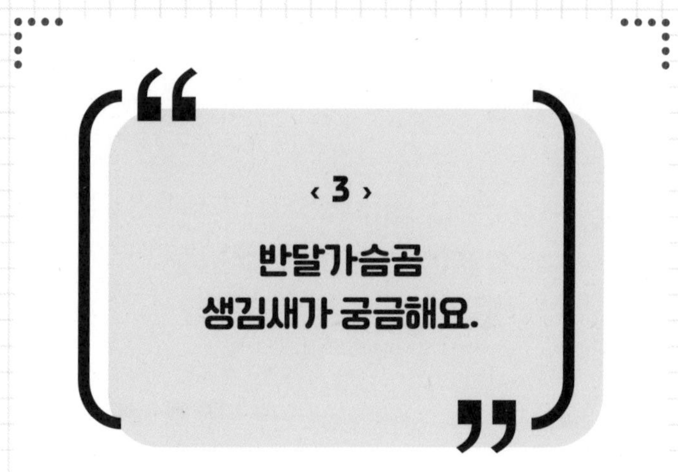

‹ 3 ›

반달가슴곰 생김새가 궁금해요.

반달가슴곰이 가진 가장 큰 특징은 무엇인가요? 맞아요, V자 모양으로 난 흰색 털이에요. 바로 이 흰색 털 모양 때문에 반달가슴곰으로 이름 지어졌지요.

반달가슴곰은 귀가 둥글고 큰 편이며, 목덜미에 긴 털(갈기)이 있어요. 또 몸길이는 130~190cm이고, 몸무게는 80~200kg 내외라고 해요. 숲에서 190cm, 200kg의 반달가슴곰을 만난다면, 정말 무시무시하겠죠? 새끼 반달가슴곰은 귀엽다고 느낄 수 있어도, 다 자란 반달가슴곰은 덩치 큰 무서운 야생동물이라는 것을 잊으면 안 됩니다.

1
2
3
5
4
6
❶ 크고 둥근 귀
❷ 목과 머리 둘레의 갈기털
❸ 가슴에 반달 모양 흰색 털
❹ 몸에 검은색 털
❺ 앞발
❻ 뒷발

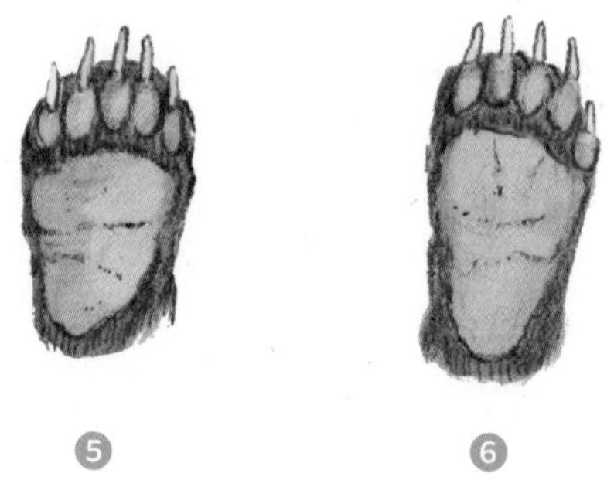
5
6

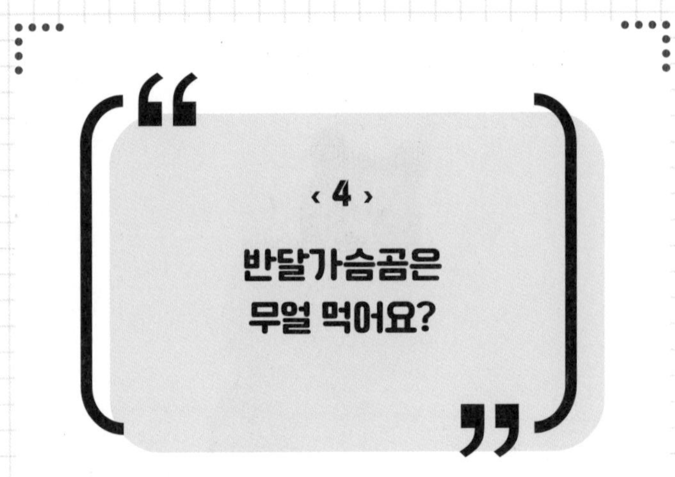

오삼이와 같은 반달가슴곰은 식물의 새순이나, 버찌(벚나무 열매), 산딸기, 다래, 머루 등 나무 열매를 좋아하고, 가을이 되면 도토리(참나무 열매) 등 견과류를 주로 먹는답니다.

반달가슴곰은 꿀도 매우 좋아하는데 벌집 안에 있는 꿀은 앞 발바닥을 이용하여 퍼 먹고, 벌집, 벌, 애벌레를 모두 잘 먹습니다.

지리산에 사는 오삼이 친구 반달가슴곰의 똥을 자세히 관찰하니, 똥의 80% 이상이 식물성 먹이였는데, 신갈나무, 벚나무류, 다래나무 등의 열매와 잎을 먹은 것으로 나타났어요. 동물성 먹이는 벌과 딱정벌렛과 같은 곤충류였고, 고라니와 족제비 털도 아주 조금 나왔는데 아마도 죽은 동물 일부분을 먹은 듯했어요.

✦ 도토리

✦ 다래

✦ 버찌

오삼이와 반달곰친구들

나는 너를 '반달가슴곰 KM-53'이라는 어려운 이름 대신 '반달가슴곰 오삼이'라고 부르고 싶어. 괜찮니? 내가 너를 오삼이라고 맘대로 불렀듯, 너도 나를 네 언어로 이름 붙여 불러도 좋아.

국립공원과 숲 보전 운동을 하던 내가 대도시 서울에 살다가 너의 고향인 지리산으로 내려온 때는 2008년이야. 나는 우리나라 제1호 국립공원인 지리산에 터 잡고 살아가는 주민들과 지리산 생명이 함께 살아갈 방법을 고민하고 싶었거든. 주민들이 지리산국립공원을 사랑하지 않는다면 지리산을 지킬 수 없으니까.

근데 오삼아, 내가 만난 주민들 대부분은 지리산에 고마워하고 있었어. 지리산 덕분에 지금까지 살아왔다고, 앞으로도 지리산과 함께 잘 살고 싶다고 그러는 거야. 어떤 할아버지와는 손잡고 울기도 했어. 지리산이 없었다면 자기는 살 수 없었을 거라며 젊을 때 부르던 노래도 불러 주셨어. 정말 마음이 뭉클하더라.

그렇게 주민들을 만나 지리산 이야기를 하다가 반달가슴곰 이야기도 자연스럽게 나오게 됐어. 예전에는 지리산에 반달가슴곰이 많았대.

그런데 몇몇 분들은 거의 사라진 반달가슴곰을 환경부에서 복원한 다음 다시 풀어 놔서 불편하다고 그러는 거야. 그래서 내가 그 많던 반달가슴곰이 어째서 인간들에 의해 사라지게 됐는지 말씀드렸지.

그랬더니 "함께 살아야 하겠지만, 그래도 우리는 산에 가서 나물도 뜯고, 버섯도 따고 그러는데 반달가슴곰이 살면 무서워."라고 말씀하시더라고. 지리산을 사랑하는 사람들에게조차 반달가슴곰이 환영받지 못하다니 마음이 아팠어.

그때부터 나와 친구들은 반달가슴곰에 대해 주민들에게 제

대로 알려 주는 활동을 해 왔어. 또 반달가슴곰과 함께 사는 세상이 지역에도, 주민들에게도, 나아가 지리산 생명 모두에게 더 좋다는 걸 구체적으로 확인해 보고 싶었어. 우리는 사단법인 "반달곰친구들"이라는 모임을 만들어 활동을 이어갔지. 우리가 한 활동들을 조금 이야기해 볼게.

반달곰친구들이 한 활동 1

불법 사냥도구 거두기

우리 반달곰친구들은 반달가슴곰이 다치지 않도록 주민들과 함께 올무나 덫 같은 불법 사냥도구를 거둬 오는 활동을 시작했어.

불법으로 설치한 사냥도구는 반달가슴곰뿐 아니라 다른 야생동물과 인간까지도 다치게 할 수 있어. 심하면 죽음에 이르게도 해. 사냥도구에 걸려 다치거나 죽은 동물들을 생각하면 인간의 욕심이 얼마나 무서운지 슬퍼져.

나와 내 친구들은 사냥도구를 수거하느라 온 산을 뒤지고 있어. 올무와 덫 같은 불법 사냥도구는 아무리 수거해도 계속 발견됐어. 2018년 6월 14일엔 반달가슴곰 KM-55가 올무에

숲에서 찾은 불법 사냥도구들.

덫에 걸려 달아나려다 빠진 반달가슴곰의 발톱.
ⓒ국립공원공단

걸려 숨진 채로 발견됐다는 소식을 듣기도 했어. 오른쪽 앞발이 이동형 올무에 걸리고, 다래 덩굴에 엉킨 채로 말이야.

우리는 너무 슬펐지만, 더 열심히 불법 사냥도구를 수거해 오고 있어. 또 환경부와 관련 기관에 야생동물과 공존할 방안을 제대로 마련하라고 더 크게 외쳤어. 야생동물이 더는 이기적인 인간들 때문에 죽지 않게 더 많은 이들이 목소리를 내 주면 좋겠어.

반달곰친구들이 한 활동 2

곰깸축제

곰깸축제는 겨울잠에서 깨어난 반달가슴곰을 반갑게 맞이하려고 지리산 자락 주민이 벌이는 축제야. 전시와 공연, 체험의 장과 장터를 열었지. 오삼이 너도 본 적이 있니?

반달가슴곰은 동지(24절기 중 스물두 번째 절기, 12월 22일쯤) 일주일 앞뒤로 바위굴이나 큰 나무의 구멍으로 들어가 겨울잠을 자고, 다음 해 3월 중하순쯤에야 겨울잠에서 깨어나잖아. 우리는 반달가슴곰과 인간이 공존한다는 사실을 잊지 않고 기억하기 위해 이즈음에 축제를 열기로 하고 지역민들과 다양

2019년 곰깸축제를 즐기는 지역민들 모습.
ⓒ사단법인 반달곰친구들

한 프로그램을 준비했어.

사실 이른 봄부터 늦은 가을까지 지리산에 기대어 먹고사는 주민들에게 반달가슴곰이 겨울잠에서 깨어나는 일은 그저 기쁜 일만은 아니래. 반달가슴곰이 건강히 잘 자고 깨어나서 다행스럽지만, 이제부터는 지리산에 들어갈 때 조심해야 하기 때문이지. 반달가슴곰이 겨울잠에서 깨어났다는 것은 지리산국립공원을 탐방하는 사람들도 반달가슴곰과 충돌하지 않기 위해 특별히 노력해야 한다는 걸 의미해.

그러니 곰깸축제는 겨울잠에서 깨어난 반달가슴곰을 반갑

게 맞이하면서도, 지리산에서 일할 때나 지리산국립공원을 탐방할 때는 반달가슴곰과 만나지 않게 대비해야 할 시기가 왔음을 알리는 축제란다.

반달곰친구들이 한 활동 3

반달곰을 사랑하는 1%

사단법인 반달곰친구들은 반달가슴곰과 함께 살아야겠다고 생각한 가게들과 '반달곰을 사랑하는 1%'(약칭 반달곰1%) 협약을 맺고, 순이익의 1%를 반달가슴곰 보전 활동에 기부하기로 약속했어.

반달곰1%는 전남 구례에 있는 아홉 개 가게들이 모여서 만들었어. 반달곰1%에 속한 가게는 손님들이 가게에 와서 차를 마시고, 밥과 빵을 먹고, 필요한 물품을 사는 동안 자연스럽게 반달가슴곰을 생각하고, 보전 활동에 참여하도록 안내해.

반달곰1% 가게 네 곳 이상을 방문하여 유랑인증서에 고무도장을 찍은 손님은 마지막 가게에서 반달가슴곰 인형을 받을 수 있어.

우리는 이 프로젝트를 통해 반달가슴곰이 인간을 위협하는

반달곰1% 유랑인증서와 반달가슴곰 인형.

존재가 아니라 우리 삶에 함께하는 존재라는 사실을 알리고 싶었어. 오삼이 너와 같은 반달가슴곰이 사는 숲과 강이 잘 지켜지도록 하는 데 우리가 작은 힘을 보탤 수 있다고 믿어.

반달곰친구들이 한 활동 4

반달곰마을학교

우리나라 최초로 열린 반달곰마을학교는 지리산에 사는 사람들과 반달가슴곰이 어떻게 하면 함께 잘 살 수 있는지 연구하고 공부하는 자리였어.

2020년 10월 20일부터 11월 17일까지 화요일 저녁마다 하동 의신마을에서 반달곰마을학교가 열렸어. 지역 주민과 전문가가 머리를 맞대고 반달가슴곰과 함께 살 방안을 궁리했지.

2021년과 2022년에는 구례에서도 반달곰마을학교가 열렸어. 반달가슴곰의 생태, 멸종과 복원과정에 대해 편견 없는 정보를 전달하고, 마을 안에 남은 반달가슴곰의 흔적을 찾아보는 시간을 보냈어.

반달가슴곰을 환영해 주세요

아, 미안해. 내 이야기가 너무 길어졌지. 이제 내가 알고 있는 너에 대해 말해 볼게.

오삼이 네 엄마는 '반달가슴곰 CF-37'이래. 연구원들이 붙인 네 이름 풀이에서 짐작할 수 있겠지만, 너희 엄마는 중국 China에서 태어난 암컷Female이고, 37번째로 발신기를 달고 관리코드가 붙은 반달가슴곰이야. 너는 2015년 1월 지리산 자연적응훈련장에서 태어나, 야생 적응 훈련을 마친 뒤 그해 10월부터 지리산 야생에서 혼자 살게 되었어.

오삼이가 엄마(반달가슴곰 CF-37) 품에서 노는 모습.
ⓒ국립공원공단

지리산 자연적응훈련장에서 야생 적응 훈련 중인 반달가슴곰들.

언젠가 자연적응훈련장에서 야생 적응 훈련을 하는 새끼 반달가슴곰 세 마리를 본 적이 있어. 눈부신 햇살을 맞으며, 신갈나무 아래를 왔다 갔다 하는 새끼 반달가슴곰들을 보았지. 이 친구들이 지리산 야생으로 나간다면 오삼이 너보다 덩치 큰 동물들, 그러니까 이미 지리산에 사는 어른 반달가슴곰 틈에서 먹이를 구하고 잠자리를 찾는 일이 쉽지 않겠지만, 잘 견뎌 내길 기도했어. 무엇보다도 오삼이 너와 모든 반달가슴곰이 인간들 눈에 띄지 말고, 잘 살아 주길, 불법 사냥도구에 걸려 다치지 않기를 정말 간절히 기도했어.

그런데… 2016년 9월, 지리산국립공원 불무장등에서 네가 사라졌다는 소식이 들려왔어.

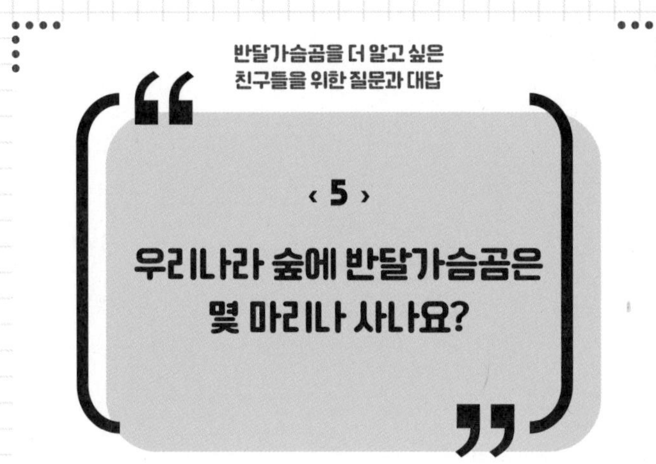
반달가슴곰을 더 알고 싶은
친구들을 위한 질문과 대답
‹ 5 ›
우리나라 숲에 반달가슴곰은
몇 마리나 사나요?

환경부 자료에 의하면 2023년 6월 말 지리산, 덕유산 등에 사는 반달가슴곰은 85마리입니다. 그런데 자연에 사는 반달가슴곰의 숫자를 정확히 아는 것이 가능할까요?

환경부는 복원사업을 위해 러시아 등에서 들여온 반달가슴곰이 41마리이고, 자연에서 태어난 반달가슴곰은 79마리라고 해요. 들여오거나 태어난 숫자에서 죽거나 자연에 적응하지 못해 거두어들인 숫자를 뺀 결과 우리나라에는 85마리의 반달가슴곰이 산다고 한 것이지요. 그런데 자연에 사는 모든 반달가슴곰의 위치를 추적하는 게 아니니 더 많은 반달가슴곰이 태어났을 수도 있겠네요. 또 사고나 자연사 등으로 죽은 반달가슴곰이 많을 수도 있고요. 그래서 숲에 사는 반달가슴곰의 숫자는 '어림잡아 80~90마리'라고 표현하는 것이 좋을 듯합니다.

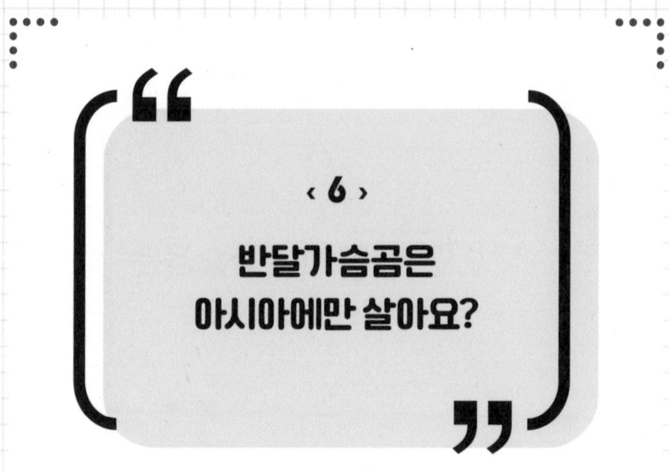

‹ 6 ›

반달가슴곰은 아시아에만 살아요?

지구상에는 북극곰, 회색곰(불곰), 반달가슴곰, 판다, 느림보곰(늘보곰), 안경곰, 태양곰(말레이곰), 미국흑곰 등 여덟 종류 곰이 있어요. 그 가운데 반달가슴곰은 아시아에 사는 곰이라 '아시아흑곰'이라고 불려요.

또한 반달가슴곰(아시아흑곰)은 파키스탄 서부(발루치스탄), 히말라야(카슈미르)-인도(시킴), 인도-네팔-미얀마-태국-베트남, 히말라야(일부)-중국(일부), 대만, 일본, 한반도-러시아 아무르-연해주-중국 동북부 등 사는 지역에 따라 7아종으로 다시 분류되고, 우리나라에 사는 반달가슴곰은 다른 아시아흑곰과 구분하여 '우수리아시아흑곰'이라고 부릅니다.

✦ 참고 자료 : Shawn Brunner <Guide to Bears>

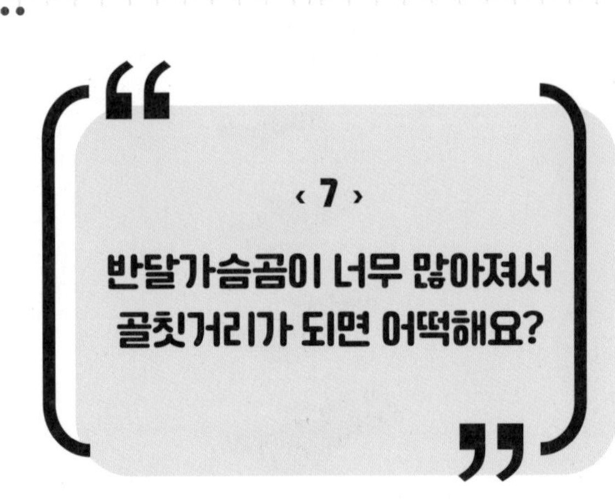

‹ 7 ›
반달가슴곰이 너무 많아져서 골칫거리가 되면 어떡해요?

자연은 신비로워서 인간이 간섭하지 않는다면, 한 종류의 동물이나 식물만이 감당하지 못할 만큼 많아지지는 않아요.

반달가슴곰은 6월에서 8월 사이 짝짓기를 하지만 수정란이 암컷의 자궁 내에서 떠돌다가 겨울잠에 들어가기 바로 전에 자궁벽에 착상되는 '착상 지연' 현상을 보여요. 착상은 포유류의 수정란이 엄마 자궁벽에 붙어 영양을 흡수할 수 있는 상태가 되는 걸 말해요.

만약 가을철 도토리가 적어 어미 곰의 영양 상태가 좋지 못하면, 수정란은 착상하지 못하게 돼요. 숲의 먹이만큼만 반달가슴곰의 새끼가 태어난다고 보면 됩니다. 그러니 반달가슴곰은 숲의 상태에 맞게 적정 숫자를 유지할 거예요.

오삼이는 왜 먼 곳으로 떠났을까

국립공원야생생물보전원은 반달가슴곰을 지리산에 풀어 놓을 때, 반달가슴곰 몸에 위치 추적 발신기를 달아서 날마다 반달가슴곰이 어디에 있는지, 안전하게 사는지를 확인해.

그런데 2016년 가을, 갑자기 네 위치가 확인되지 않는다는 거야. 네 몸에 붙인 발신기의 건전지가 방전되었거나 네가 격렬하게 움직일 때 발신기가 떨어졌을 거라고 연구원들은 추측했어. 이런 일은 발신기를 단 반달가슴곰에게 가끔 생기는 일이라서 그렇게 놀랄 일은 아니었지.

사라졌던 오삼, 수도산에 나타나다

인간들은 복원한 반달가슴곰 몸에 위치 추적 장치를 꼭 달아야 하는가를 놓고 논쟁하기도 해. 야생에 사는 모든 반달가슴곰 위치를 추적한다는 건 불가능하고, 또 그럴 필요도 없다고 전문가들은 말하고 있어. 외국에서도 인간이 사는 동네에 자주 나타난다든가 인간을 따라다니는 몇 마리 곰들만 위치를 추적하거든. 이런 곰들은 인간과 충돌하면 큰 사고를 일으킬 수 있으니 미리 예방하려는 목적이지.

아무튼 나는 네가 사라졌을 때보다 네가 다시 발견되었을 때 너무 깜짝 놀랐어! 네가 발견된 날은 2017년 6월 14일, 너는 김천 수도산 자연휴양림에서 발견되었어. 지리산에서 수도산까지는 직선 거리로 무려 90km나 떨어졌는데, 무슨 까닭으로 그렇게 먼 곳까지 갔는지 곰곰이 생각해 보았지.

아, 수도산에 나타난 반달가슴곰이 너인 줄 어떻게 알았는지 궁금하지? 그건 너처럼 복원사업으로 풀어 준 반달가슴곰의 유전자를 국립공원야생생물보전원이 가지고 있기 때문이야. 발견된 반달가슴곰의 유전자와 국립공원야생생물보전원이 채취한 유전자를 비교해 오삼이 너라는 걸 알게 된 거야.

이렇게 오삼이 네가 수도산 자연휴양림에 있다는 걸 알게

2017년 7월 2차선 도로에 찍힌 오삼이 발자국.
ⓒ국립공원공단

된 환경부 사람들은 혹시라도 네가 사고를 낼까 봐 걱정했어. 반달가슴곰을 무서워하는 사람들이 지리산을 넘어 수도산까지 온 너를 보고는 복원사업을 중단하라고 요구할까 봐 걱정하는 사람들도 있었지.

원하지 않았겠지만 오삼이 너는 다시 지리산으로 오게 됐어. 야생 적응 훈련을 받아야 했지. 네가 사람을 무서워하도록, 사람을 피해 가도록 하는 훈련 말이야. 훈련이 끝나고서야 너는 지리산에 풀어졌어. 환경부 사람들을 포함해 너를 아는 모든 사람은 오삼이 네가 지리산에서 안전하게 살아가기를 바랐어.

무엇이 오삼이를 위한 일일까

그런데 아뿔싸. 지리산에서 풀려난 너는 함양, 거창을 거쳐 다시 수도산으로 갔어. 그곳까지 가기 위해 강과 도로를 건넜고, 주로 밤에 움직였더라. 맞지? 그 이야기를 들었을 때 나는 네가 무척 용감하고 모험심 강한 곰이라는 걸 느꼈어.

그런데 안타깝게도 수도산을 오르던 주민에게 발견되어 너는 또다시 지리산으로 잡혀 왔어. 내가 너를 처음 만난 건 네가 다시 지리산으로 잡혀 온 그날, 7월 25일이었어. 나와 친구들은 네가 붙잡혀 지리산으로 오고 있다는 소식을 듣자마자, 네가 있는 곳으로 갔거든. '반달곰 오삼이를 자연으로 돌려보내라'라고 쓴 손팻말을 들고 시위를 하려고 말이야.

지리산에서 살던 네가 지리산을 떠나 수도산으로 간 것은 분명 까닭이 있는 거잖아. 우리나라는 너처럼 멀리 이동하는 곰을 연구한 자료가 많지 않았지만, 외국에는 곰의 이동에 대해 연구한 자료가 꽤 있더라. 그래서 그런 자료들을 좀 살펴봤어. 미국흑곰, 회색곰(불곰), 북극곰, 아시아흑곰 등을 연구한 자료에 따르면 곰들은 먹이나 짝짓기할 짝을 찾아서 먼 거리를 이동하기도 한다고 해.

그러니까 너는 분명히 먼 거리를 가야만 하는 까닭이 있어

2017년 7월 25일 수도산에서 지리산 자연적응훈련장으로 잡혀 온 오삼이.

서 지리산을 떠나 수도산으로 갔을 텐데, 사람들은 그 까닭도 알지 못한 채 자꾸 너를 지리산으로 잡아 오는 거지. 나와 내 친구들은 너를 포함한 모든 야생동물의 서식지를 인간이 억지로 정해 놓는 건 옳지 않다고 생각해. 우리는 네가 원하는 대로 수도산에서 살게 해 달라고 환경부와 국립공원야생생물보전원에 요구했어.

나는 지금도 네가 두 번째 잡혀 오던 날을 잊을 수 없어. 오삼이 네가 '왜 나를 잡아 왔냐'고, '내가 뭔 잘못을 했냐'고, '나는 자연에서 살고 싶다'고 절규하는 외마디 소리를 들었고,

애원하는 네 눈빛을 보았어. 슬픔과 원망이 섞인 너의 눈빛을 보는 순간, 나는 내가 감옥에 갇힌 것처럼 절망스러웠어.

그날부터 나는 너를 풀어 달라고 여기저기에서 외쳤어. 반달가슴곰을 포함한 야생동물에게는 스스로 삶터를 찾아갈 권리가 있다고 주장했어. 여러 사람이 함께 목소리를 낸 끝에 너는 철창을 나오게 되었지. (야호!) 2017년은 너에게 잊지 못할 해일 거야. 그 모든 기억을 안고 너는 지리산에서 겨울잠을 잤어.

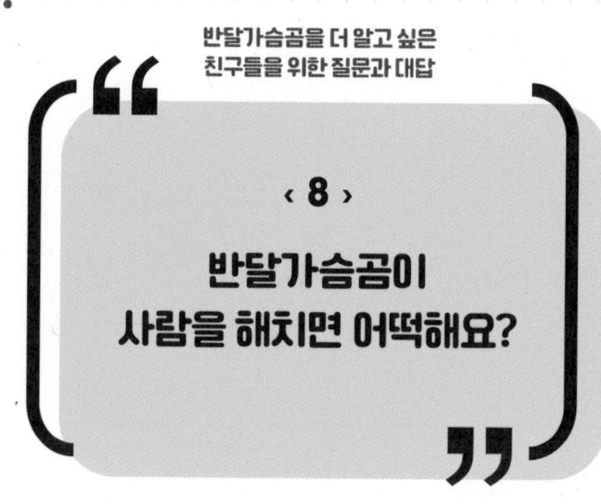

오삼이를 포함한 반달가슴곰은 일반적으로 사람을 피해요. 그러니 사람이 숲에 들어갈 때 쇠방울을 달고 다니거나, 혼자가 아닌 여럿이 함께 다니거나, 야생동물들의 길로 들어서지 않는다면 반달가슴곰을 만날 일은 거의 없어요.
또 숲에서 반달가슴곰을 만났을 때 초콜릿이나 사탕 등을 주거나 사진을 찍거나, 너무 놀라 크게 소리치지 않는다면 반달가슴곰은 사람을 무시하고 그냥 지나갈 거예요.
반달가슴곰은 사람과 먹이를 두고 경쟁하지 않기 때문에 사람과 충돌하는 일은 거의 없지만, 새끼를 데리고 다니는 어미 반달가슴곰은 새끼를 보호해야 하니 예민하게 행동하게 돼요. 어미 반달가슴곰이 새끼를 다니고 다닐 시기와 반달가슴곰이 겨울잠에서 깨어나는 시기에는 숲 깊은 곳으로 들어가면 절대 안 되겠죠.

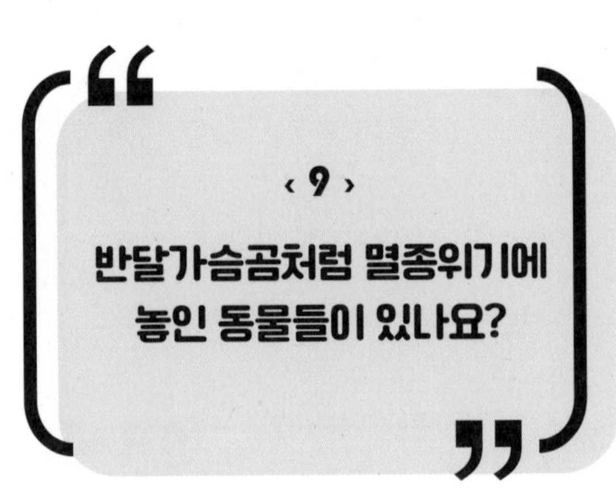

‹ 9 ›

반달가슴곰처럼 멸종위기에 놓인 동물들이 있나요?

환경부는 「야생생물 보호 및 관리에 관한 법률」에 따라 "자연적 또는 사람들의 인위적인 간섭으로 개체 수가 현격히 감소하거나 소수만 남아 있어 가까운 장래에 절멸될 위기에 처해 있는 야생생물"을 '멸종위기 야생생물'로 지정하고 있어요. 어떤 까닭으로 인해 지구에서 더는 보지 못할 수 있는 생물들을 말하는 거죠.

개체 수가 크게 줄어들어 멸종위기에 처한 야생생물은 '멸종위기 야생생물 1급'으로 2023년 기준 68종이 지정되어 있으며, '멸종위기 야생생물 2급'은 214종이 지정되어 있어요.

반달가슴곰처럼 포유류 가운데 멸종위기 야생생물로 지정된 동물은 호랑이, 작은관코박쥐, 여우, 스라소니, 대륙사슴, 늑대, 수달, 표범, 산양, 사향노루, 붉은박쥐, 무산쇠족제비, 삵, 토끼박쥐, 하늘다람쥐, 담비, 물범, 큰바다사자, 물개 등 20종이에요.

✦ 호랑이

✦ 산양

✦ 수달

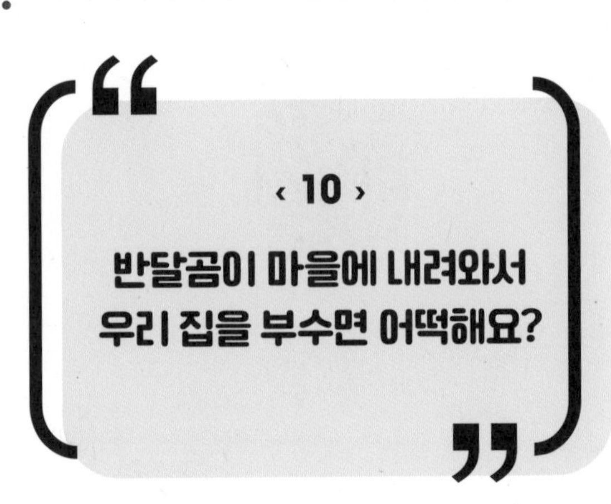

〈 10 〉 반달곰이 마을에 내려와서 우리 집을 부수면 어떡해요?

반달가슴곰은 깊은 숲에 사는 동물로, 마을보다는 숲을 좋아해요. 그런데 반달가슴곰이 마을로 내려온다면, 숲에 먹을 게 없어 꿀이나 사과, 달콤한 매실액 같은 냄새를 따라 내려온 것으로 볼 수 있어요. 숲에 도토리가 많이 나지 않을 때 더 자주 마을로 내려온다는 연구 결과도 있으니, 숲에 먹을 것이 충분하다면, 또 인간이 반달가슴곰의 삶터인 숲을 파괴하지 않는다면 반달가슴곰은 마을로 내려올 일은 없어요.

그렇지만 숲은 변하고, 먹이가 충분하지 않을 수도 있으니 깊은 숲 근처에 사는 농부들은 열심히 키운 농작물을 보호하려면 전기울타리(만지면 따끔해요)를 설치하거나, 도토리 같은 가을 열매를 그냥 놔두어야 합니다. 또 산악열차, 케이블카, 모노레일, 골프장 등으로 반달가슴곰이 살 숲이 파괴되지 않도록 야생동물 삶터인 숲을 지켜야겠죠!

오삼이가 죽을 뻔했다고?

2018년 4월, 겨울잠에서 깨어난 너는 다시 수도산으로 가기 위해 천천히 움직이기 시작했어. 그러다가 5월 5일 새벽 4시, 대전통영고속도로에서 버스에 치이고 말았어.

버스에 치인 너는 국립공원야생생물보전원 야생동물의료센터로 보내져 12시간 넘게 수술을 받았지. 뼈와 근육, 신경 모두 다쳤다기에 우리는 너를 다시 보지 못할까 봐, 혹은 네가 다시 자연으로 돌아가지 못할까 봐 무척 걱정했어.

하늘이 도왔는지, 다행히 너는 몸도 회복하고, 사람을 회피하는 등 야생성도 유지하였어. 네가 수술받는 동안 얼마나 가슴 졸였는지 몰라. 이렇게 다시 건강하게 만날 수 있게 돼서 정말 다행이야.

내가 살 곳은 내가 정한다

네가 버스에 부딪힌 뒤, 반달곰친구들은 네가 사고를 당한 그 고속도로에서 시위를 했어.

"인간만을 위한 땅이 아니다. 반달곰의 통행권을 보장하라!"

수술에서 깨어난 너를 두고 또 사람들은 고민에 빠졌어. 여러 전문가는 반달가슴곰이 야생성을 잃기 전에 빨리 풀어 주는 게 좋다고 했어. 그러자 환경부는 너를 어디에 풀어 줘야 할지 고민에 빠지게 됐지. 다시 지리산에 풀어 주면 네가 또 위험을 무릅쓰고 수도산으로 갈 것 같았거든. 오삼이 너는 정말 어디로 가고 싶었을까?

"반달가슴곰 KM-53은 지난해부터 두 차례 수도산으로 이동한 데다, 수도산은 반달가슴곰 먹이가 풍부하여 살기 좋으니 수도산에 풀어 주는 게 좋겠습니다."

이렇게 말하는 전문가 의견에 따라 환경부는 너를 수도산에 풀어 놓기로 했어. 오삼이 네가 그토록 그리던 수도산으로 다시 가게 된 거야!

오삼이가 사고 난 대전통영고속도로 생초나들목 근처에서
반달가슴곰의 이동권을 보장하라고 요구하는 활동.
ⓒ사단법인 반달곰친구들

2018년 8월 27일, 나는 지리산을 떠나는 너를 만나기 위해 새벽 일찍 집을 나섰어. 너는 트럭 뒤 수송 상자 안에 누워 있어서 직접 볼 수는 없었지.

"오삼아, 네가 살고 싶은 곳, 그곳이 어디든 맘껏 다니길 바라! 다시는 인간한테 잡혀 오지 말고!"

너를 실은 트럭이 떠날 때 너에게 말했는데, 혹시 들었니?

오삼이가 깨우쳐 준 것들

다시 자유로워진 너는 수도산, 가야산, 독용산 등을 왔다 갔다 하다가 가야산 상왕봉 아래에서 겨울잠에 들어갔어. 반달가슴곰 오삼아, 2018년은 참 힘들고 아팠던 날들이었지? 네가 포기하지 않고 원하는 곳을 찾아 계속 이동한 덕분에 인간들은 많은 걸 깨달았어. 야생동물이 살아갈 공간을 인간이 마음대로 정해서는 안 된다는 것, 또 그러기 위해서는 야생동물이 살고 싶은 숲을 함부로 개발하지 말아야 한다는 걸 말이야.

반달가슴곰을 더 알고 싶은
친구들을 위한 질문과 대답

‹ 11 ›

숲에 케이블카를 만들거나 산악철도를 놓으면 반달가슴곰이 살 수 없나요?

반달가슴곰은 나무가 없다면 살 수 없어요. 반달가슴곰은 나무 열매를 먹고 살며, 나무 위에서 휴식을 취하고, 나무 굴에서 겨울잠을 자고, 겨울잠을 자면서 새끼를 낳아요. 반달가슴곰에게 나무와 숲은 소중한 먹이이자 집입니다.

우리 인간이 먹을 것과 집을 빼앗겼다고 생각해 보세요. 살아가기 힘들겠죠. 반달가슴곰도 마찬가지예요. 케이블카와 산악철도는 사람만을 위한 시설이죠. 자연은, 특히 전 국토의 3.9%밖에 되지 않는 국립공원은 야생에 사는 동물과 식물들이 사람보다 우선하는 공간이에요. 야생동식물의 마지막 피난처인 국립공원이 절대 개발되지 않도록 목소리 내는 데 함께해 주세요.

‹ 12 ›

지리산 꼭대기 가까이 난 도로가 있던데, 이런 도로들 때문에 오삼이가 죽을 수도 있어요?

차가 다니는 도로는 야생동물에게는 죽음의 길이에요. 오삼이는 2018년 5월 5일 대전에서 통영으로 가는 고속도로를 지나가다가 크게 다쳐 열 시간 넘는 큰 수술을 받았어요. 만약 오삼이가 튼튼하지 않았다면 죽을 수도 있었겠지요.
지리산에는 1,000m 이상까지 차로 올라갈 수 있는 도로가 있어요. 사람들은 이 도로를 이용하여 지리산국립공원으로 들어오는데, 많은 동물이 차에 치여 죽고 있어요. 혹시라도 큰 차가 지나갈 때 반달가슴곰이 이 도로를 건너려고 나타난다면, 반달가슴곰도 차에 치일 수 있어요.

지리산은 국가가 지정해서 보호하는 국립공원이에요. 국립공원은 야생동식물의 삶터이며 마지막 피난처라고 불려요. 그렇다면 국립공원에는 도로, 주차장, 휴게소 등 사람만을 위한 시설은 되도록 없어야겠지요.

도로가 어쩔 수 없이 꼭 필요하다면 야생동물을 위해 몇 가지 약속을 만들어 함께 지키면 좋겠어요. 탄소를 내뿜는 차는 다닐 수 없게 하거나, 도로에서 야생동물을 만났을 때 피할 수 있도록 차의 속도를 제한하고, 잠을 자는 야생동물을 위해 밤에는 차가 다니지 못하게 막으면 어떨까요? 국립공원만이라도 야생동식물이 안심하고 살 수 있게 이들의 권리가 지켜지면 좋겠어요.

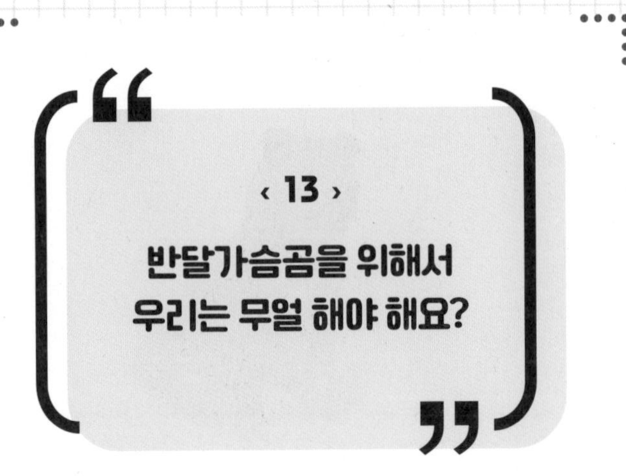

‹ 13 ›

반달가슴곰을 위해서 우리는 무얼 해야 해요?

반달가슴곰만이 아니라 우리 곁의 모든 생명체를 사랑하는 마음을 간직해 주세요. 반달가슴곰과 같은 동물들에게 올무나 덫 같은 불법 사냥도구는 생명을 빼앗는 도구예요. 어른들이 불법 사냥도구를 놓지 않도록 설득해 주세요.

반달가슴곰은 한곳에만 있는 게 아니라 지리산에서 덕유산으로, 지리산에서 수도산으로, 지리산에서 백운산 등으로 이동해요. 반달가슴곰이 이동하기 위해 야생동물 보호 안내판이 있는 도로에서는 천천히 달리고, 야생동물 교통사고가 잦은 곳에는 생태통로를 설치해야 해요.

숲은 야생동식물의 삶터예요. 숲에 들어갈 때는 정해진 등산로 외에는 다니지 말아 주세요. 동식물들은 자연의 공간에 들어온 인간을 침입자로 생각할 수 있어요. 등산로가 아닌 곳으로 다니다가는 반달가슴곰처럼 큰 동물과 충돌할 수도 있어요.

정책을 결정하는 대통령, 국무총리, 환경부장관, 산림청장 등에게 더는 자연이 파괴되지 않도록 반달가슴곰의 숲을 보전해 달라고 말해 주세요. 우리가 목소리를 모으면 더 나은 세상을 만들 수 있어요.

오삼, 네 모험을 응원할게

2019년, 너는 이전보다 더 왕성하게 활동했어. 수도산과 가야산을 벗어나 구미 금오산까지 갔다가 수도산으로 돌아왔지.

그 사이 성주 사드THAAD기지(주한미군의 군 시설)를 지나고, 세 개나 되는 국도와 고속도로 하나를 넘나들었어. 사람들이 키우는 벌집에 손대서 여러 차례 방송과 신문에도 등장했어.

사람들은 네가 나타나면 너를 다시 잡아야 할지, 말아야 할지 고민하는 회의를 한단다. 그때마다 오삼이는 좀 특별한 반달가슴곰이니 지켜보자는 의견이 많았어.

오삼이가 다시 지리산에 나타났다!

2020년, 너는 수도산과 가야산을 중심으로 활동하다가 좀 더 북쪽으로 올라가 6월 중순 충북 영동 민주지산에 나타났어.

생각해 보면 2018년 수도산으로 온 이후 너는 수도산의 동남쪽과 북쪽에 있는 큰 산들을 다니면서 뭔가를 찾으려는 듯했어. 내가 너와 이야기 나눌 수 있다면, 무엇 때문에 그렇게 먼 곳까지 왔다 갔다 했는지 물어볼 텐데. 그런 날이 온다면, 자세히 얘기해 줘야 해.

2020년에도 이전에 겨울잠을 잤던 가야산에서 겨울잠에 들어갔더라. 너는 가야산을 좋아하나 봐. 여태 가 본 산들 가운데 어떤 산이 가장 좋았니? 무엇이 즐거웠니? 너에게 묻고 싶은 게 참 많은 걸 보니 내가 너를 좋아하나 보다. 그치?

2018년 이후 수도산, 가야산을 중심으로 활동해 온 네가 2021년 6월 지리산으로 돌아왔을 때 우리는 정말 깜짝 놀랐어. 100km나 걸어 다시 지리산으로 온 까닭이 대체 무엇일까.

우리는 네가 짝짓기할 친구를 찾아왔으리라고 추측하고 있어. 네 나이가 일곱 살이니 사람 나이로 보면 서른 살쯤이고, 반달가슴곰에게 일곱 살은 번식력이 왕성한 시기라고 알려져 있으니까. 지리산으로 돌아온 네가 머물렀던 그 근처에는 암컷 반달가슴곰이 세 마리 정도 있었다고 하니, 진짜 너에게 좋은 일이 있었던 걸까?

한 달가량 지리산에 머무르던 너는 7월 중순 다시 가야산으로 갔어. 100km 먼 길, 도로를 건너고, 사람을 피해, 돌아간 그곳 수도산과 가야산은 너에게 '제2의 고향'일까? 여기 지리산은 진짜 고향이고.

도로를 걷어 내고 숲을 되살리면

오삼아, 여기저기 돌아다니기가 많이 힘들지는 않니? 나는 인간들이 숲에 차가 다니는 큰 도로를 내는 걸 당연하게 생각하는 게 속상해. 야생에 사는 동물들을 잡으려고 올무나 덫을 놓는 사람들이 있어서 창피하기도 해. 하지만 오삼아, 너무 속상해하지 말자. 나와 친구들이 너를 위해 함께할게!

"야생에 사는 동물들의 집을 부수지 말아요! 다른 곳은 몰라도 국립공원과 주변의 숲은 그런 공간이어야 해요!"

우리는 지리산국립공원에 인간을 위해 깔아 놓은 성삼재와 정령치 도로, 주차장을 지금과는 다른 모습으로 바꾸기 위해 노력하고 있어.

죽어 가는 지리산 구상나무들.
ⓒ정인철

머지않아 성삼재, 정령치 주차장을 덮고 있는 아스콘 포장이 걷히고, 그 자리에는 풀과 나무가 살게 될 거야. 그 나무들 가운데에는 네가 좋아하는 도토리나무도 있을 테니, 세월이 흐르면 반달가슴곰이 좋아하는 참나무 숲이 되겠지. 그날이 빨리 오면 좋겠다.

너도 그렇겠지만 나도 지구가 몹시 아파하는 게 느껴져. 겨울인데 봄처럼 따뜻하다가, 봄인데 여전히 겨울이고. 가을에 오던 태풍이 봄에도 오고. 갑자기 변하는 날씨에 농부들 한숨은 많아지고, 바닷물 온도가 변하니 우리나라 바다에 살던 물

고기들 종류도 달라졌다고 해.

네가 살던 지리산도 하루하루 달라지고 있어. 구상나무는 너도 잘 알 거야. 우리나라에만 사는 특별한 나무이지. 그런데 이 구상나무들이 겨울에 눈이 적게 오고, 봄에 바람이 심하게 부니까 원래 살던 반야봉, 천왕봉 등에서 죽고 있어. 지리산에 다니는 사람들은 허옇게 말라 죽은 구상나무를 보면서, 기후변화, 기후위기가 다른 나라에서만 일어나는 게 아니라 우리나라도 피해 갈 수 없다며 걱정하고 있단다.

구상나무가 죽어 간다면 다른 나무들도 살기 힘들겠지. 나는 반달가슴곰이 600~1,200m 높이의 지리산 지역을 가장 좋아한다고 들었어. 이 지역이 물과 먹이가 풍부하고, 나무가 빽빽이 살고 있어 몸을 숨기기도 좋기 때문일 거야.

그런데 기후위기로 숲이 변하고, 나무들이 죽으면 반달가슴곰도 살 수 없을 거야. 인간들은 더우면 에어컨을 켜고, 추우면 보일러를 틀지만, 야생에 사는 생명들은 그냥 견디고, 도저히 견딜 수 없으면 목숨을 내놓을 수밖에 없을 테니까.

지리산을 걷기만 해도 심각성을 느낄 수 있는데, 인간들은 멈추고, 바꿀 생각을 하는 게 아니라 지리산에 산악열차, 케이블카, 모노레일, 골프장을 짓겠다고 난리야. 그곳에서 반달가슴곰이 먹이를 찾고, 겨울잠을 자고, 새끼를 낳아 기르는 걸

알면서도 나무를 베고 숲을 망가뜨리려고 하다니, 참 뻔뻔한 인간들이지.

한쪽에서는 도로와 주차장을 걷어 내고 나무를 심자는 생각을 모으고 있는데, 다른 한쪽에서는 그보다 몇백 배 넓은 숲을 파괴하려고 하니, 생각만으로도 무서워. 반달가슴곰도 살 수 없고, 풀과 나무도 살 수 없는 땅은 인간도 살 수 없다는 걸, 왜 모르는 걸까?

공존을 꿈꾸게 해 준 오삼이

반달가슴곰 오삼아, 나는 너를 두 번 만났어. 내 눈에 네 모습을 담았을 때 듣고 본 너의 음성과 눈빛은 여전히 내 마음을 흔들고 있고.

너로 인해 우리는 야생동물과 '공존'한다는 것은 종이에서가 아니라, 책상과 컴퓨터에서가 아니라, 도로와 숲 같은 현장에서 비인간동물과 인간동물이 함께 살아갈 방법을 구체적으로 만들어 내야만 가능하다는 것을 알게 됐어. 또 너로 인해 우리는 반달가슴곰이 대단히 용감하고, 무한한 상상력을 가진 동물이라고 생각하게 되었어.

지리산 자연학습장에서 겨울잠에 들려는 반달가슴곰.

오삼이와 네 짝이 만나 새끼를 낳는다면 어떨까? 그 새끼 반달가슴곰들 가운데 너를 닮은 용감한 녀석이 있다면 너를 따라 수도산으로 가겠지. 또 다른 상상력이 뛰어난 녀석은 숲이 좋은 백두대간을 따라 덕유산, 설악산까지 갈 거고. 아, 상상만으로도 기분 좋다.

너와 네 새끼가 열심히 새 세상을 열어 가는 동안 나는 야생동물들이 잘 살 수 있도록 올무와 덫처럼 야생동물을 함부로 잡는 데 쓰는 도구들을 수거할 거고, 야생동물과 공존할 길을 잇기 위해 노력할 거야. 반달가슴곰이 사는 곳을 사람들이 피해서 갈 수 있게 안내도 해야겠지.

지리산 자락 주민만이 아니라 이 땅에 사는 사람들 모두가 너희들과 함께 살아가는 것이 당연한 일이라고 여길 수 있도록 활동할 거야. 너와 내가 보이지 않는 끈으로 이어져 있다고 믿을 거야.

오삼아, 사람들 눈에 띄지 말고, 맛난 다래와 영양가 풍부한 도토리 많이 먹고 건강하게 잘 살길 바랄게. 우리 인간들에게 반달가슴곰과 공존할 꿈을 꾸게 해 줘서 정말 고마워.

참고 자료

전의령, 『동물 너머』, 돌베개, 2022.

드멜로, 마고, 『동물은 인간에게 무엇인가』, 천명선, 조중헌 옮김, 공존, 2018.

엔도 키미오, 『한국 호랑이는 왜 사라졌는가?』, 이은옥 옮김, 이담북스, 2009.

『반가워! 반달가슴곰』, 환경부, 국립공원공단, 2020.

『반달가슴곰 2단계 복원정책 수립을 위한 전략토론회 자료집』, 이상돈 국회의원, 사단법인 반달곰친구들, 2018.

『반달가슴곰 시험방사 결과보고서』, 국립공원관리공단, 2004.12.

김정진, "지리산에 서식하는 반달가슴곰의 생태적 특성과 보전에 관한 연구", 제주대 박사학위 논문, 2020.

사단법인 반달곰친구들 누리집 http://www.moonbears.or.kr

국립생태원 누리집 https://www.nie.re.kr

너와 내가 이 지구에서

함께 살아간다는 사실을 잊지 않을게.

네가 가려는 길을 해치지 못하게 숲을 지킬 거야.

인간동물들을 응원해 줘.

안녕. 오삼아!

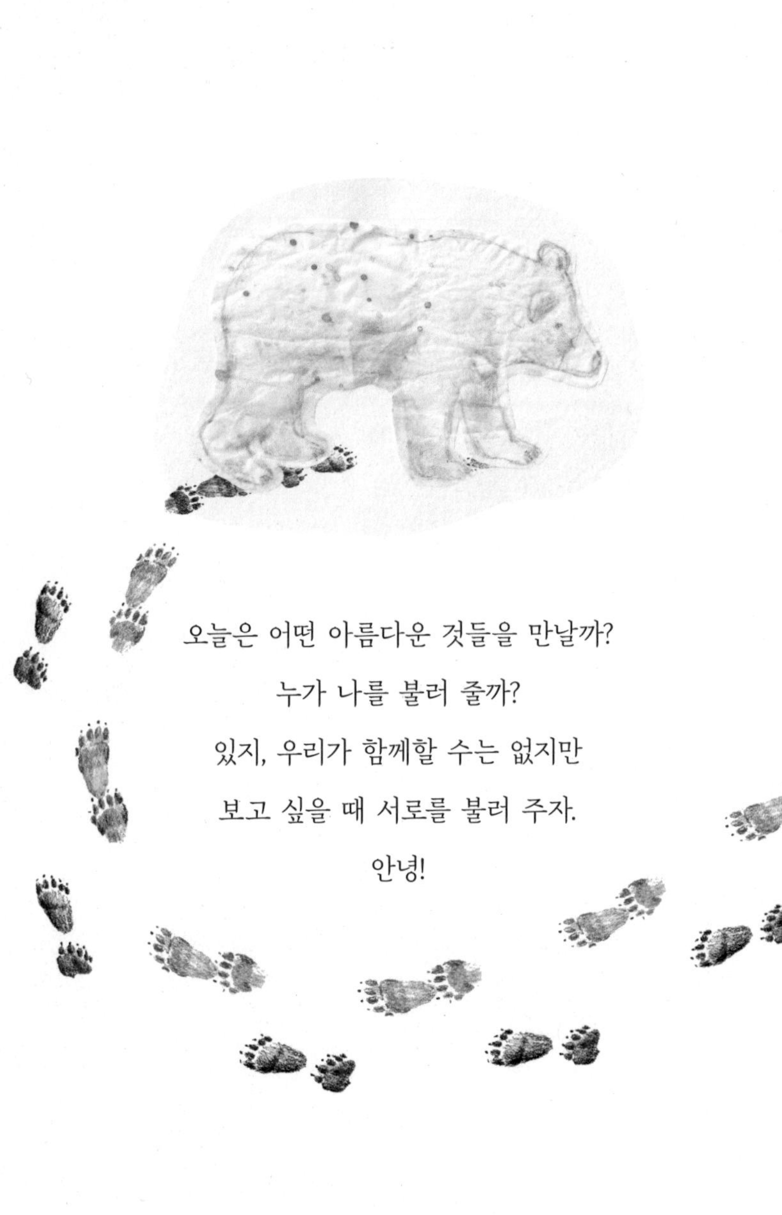

오늘은 어떤 아름다운 것들을 만날까?

누가 나를 불러 줄까?

있지, 우리가 함께할 수는 없지만

보고 싶을 때 서로를 불러 주자.

안녕!

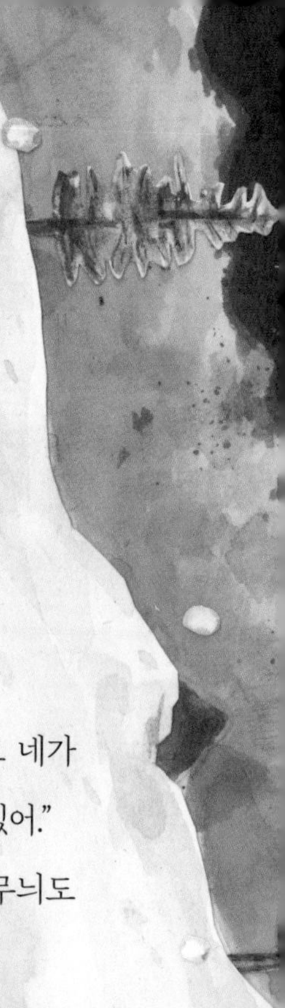

반달이 뜬 밤.

나는 조용한 구상나무 숲을 지나고 있었어.

그때 하늘에서 내려온 눈이 내게 물었어.

"안녕. 넌 누구니?"

"난 곰이야."

"알아. 내가 궁금한 건 네 이름이야."

"불러 줘, 네가 원하는 대로. 내가 너를 알고 네가 나를 기억해 준다면 우린 서로를 부를 수 있어."

"너는 나와 닮은 것 같아. 네 가슴에 반달 무늬도 나처럼 반짝이네."

"우린 모두 같은 밤하늘에서 왔으니까. 달의 눈썹에서, 별의 휘파람을 타고 이곳으로 왔으니까."

눈은 반짝이며 춤을 췄어.

나도 춤을 추며 눈에게 인사했어.

가끔 무섭기도 했지만

낯선 것들이 나를 불러 주는 순간

그 모든 곳들은 내 집이 되었어.

계속해서 나아갔어.

슬금슬금 걷기도 하고 빠르게 달리기도 하고

나무 위에서 쉬어 가기도 했지.

나는 온몸으로 그들을 불렀지.

하지만 예쁜 이름으로 부르고 싶은 것들이 훨씬 많았어.

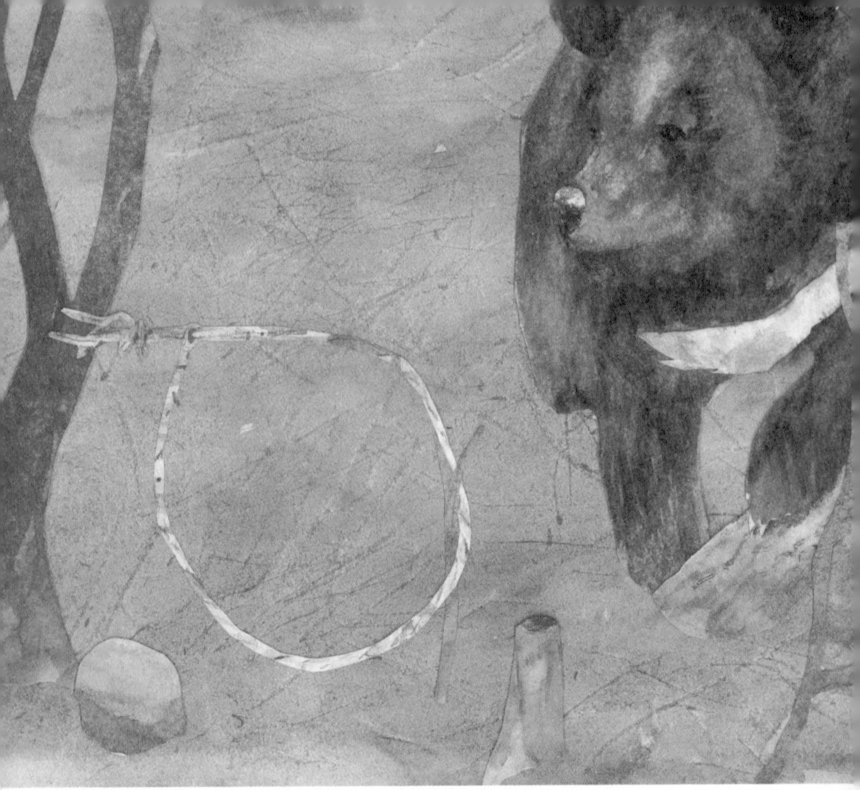

뭐라 불러야 할지 모르겠는 것들도 있었어.

내가 만난 것들 중에서는

나는 더 먼 길을 떠나게 되었어.

내 이름을 찾아서.

내가 부를 이름들을 찾아서.

날이 따뜻해지자 밖으로 나온 내게 봄이 다가와서 물었지.

"안녕. 넌 누구니?"

"난 곰이야."

"알아. 내가 궁금한 건 네 이름이야."

"이름이 뭔데?"

"보고 싶을 때 서로를 부를 수 있는 거."

"우리 엄마는 나를 부를 때 쉬-익이라고도 하시고, 그르르라고도 하시고, 나무를 발톱으로 긁기도 하시는데."

"이름은 달라져도 괜찮아. 내가 너를 알고 네가 나를 기억한다면."

"모든 곰들에게 이름이 있을까? 난 내 이름이 뭔지 모르는걸."

"걱정 마. 네가 앞으로 만나게 될 모든 것이 너를 수많은 이름으로 불러 줄 거야."

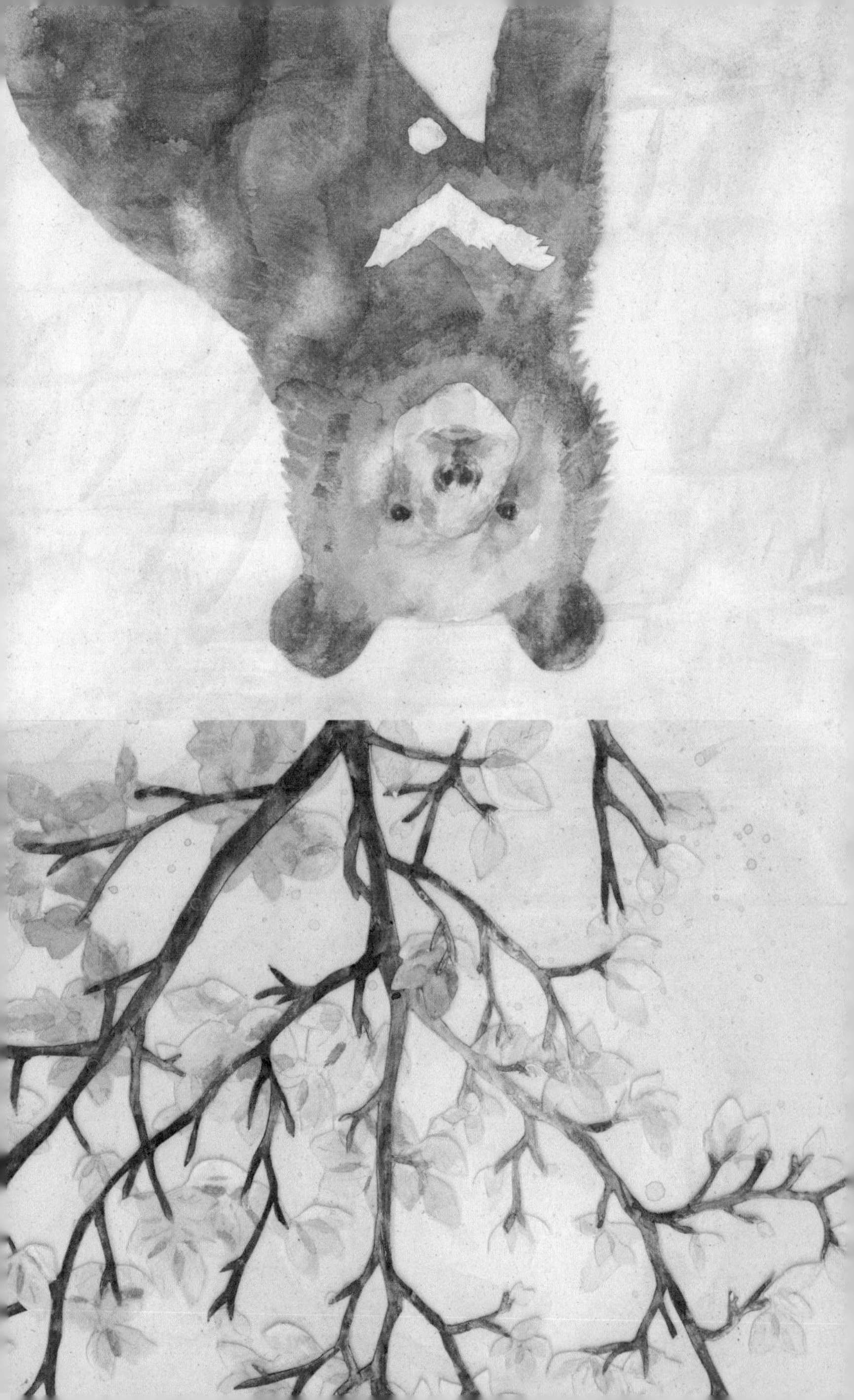

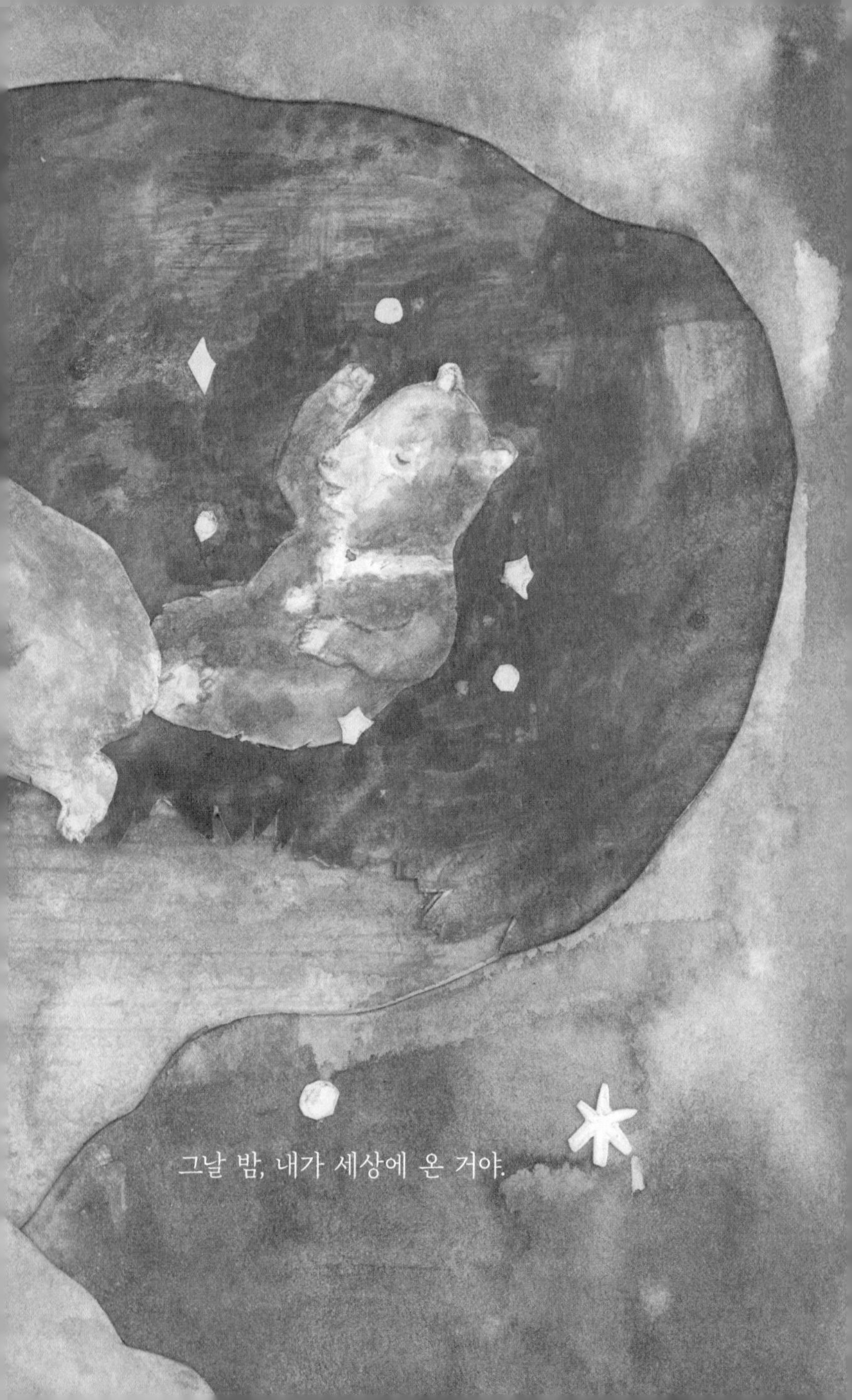

그날 밤, 내가 세상에 온 거야.

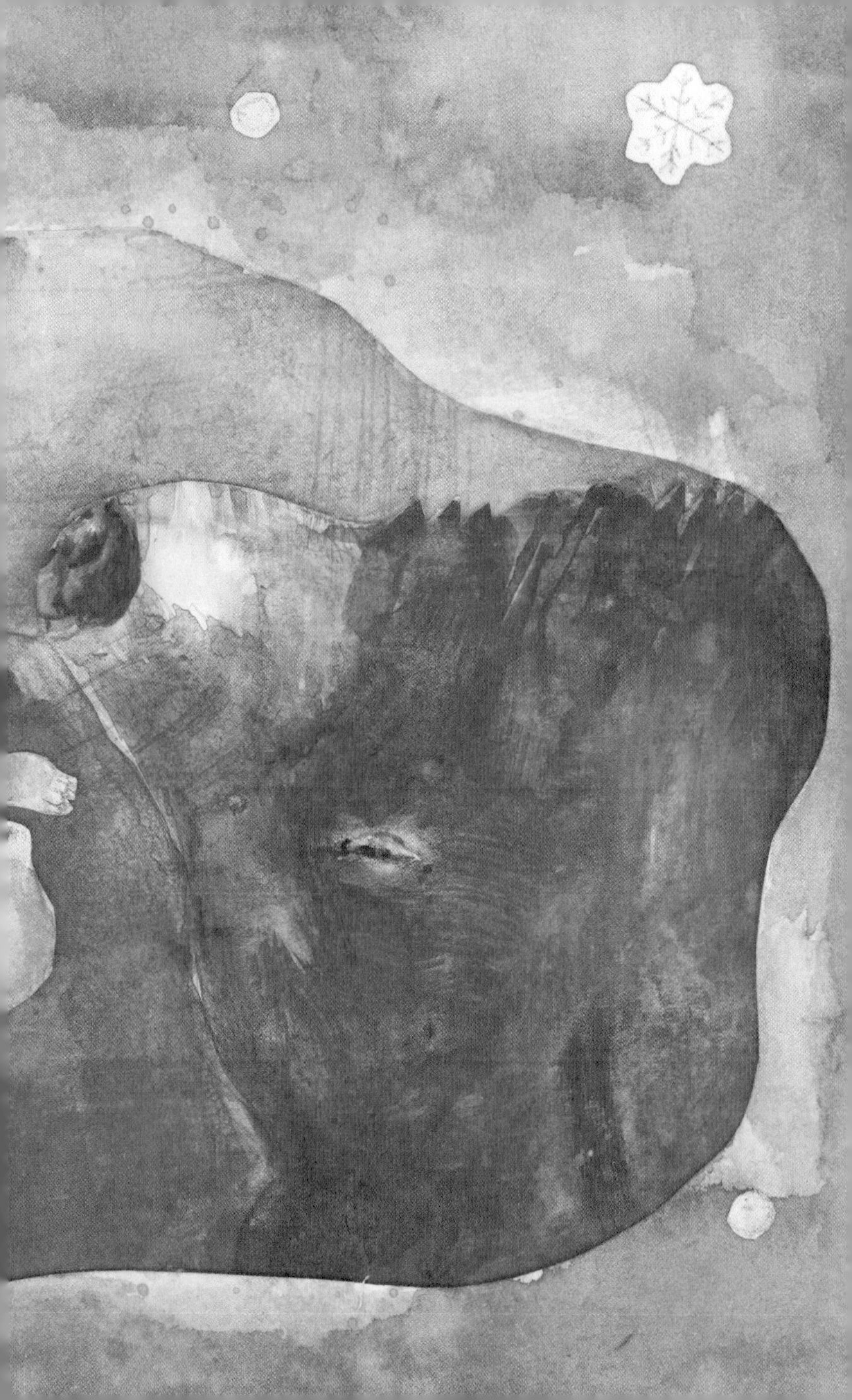

나무 사이사이에 눈이 되어 내리네.

자세히 봐 봐.

저기 봐!

달과 별이 조잘거리다가 지리산 위로 떨어져.

반달이 뜬 밤,
별이 된 동물들이 하늘에서 반짝이고 있어.
산양, 여우, 담비, 독수리, 표범… 또 누가 있을까?

02。

오삼으로부터

글·그림 결